Todos los libros de Linkgua Ediciones cuentan con modelos de Inteligencia Artificial entrenados por hispanistas. Pregúntale al chat de tu libro lo que desees acerca de la obra o su autor/a.

Para ebooks: Accede a nuestro modelo de IA a través de un enlace.

Para libros impresos: Escanea el código QR de la portada con tu dispositivo móvil.

Obtén análisis detallados de nuestros libros, resúmenes, respuestas a tus preguntas y accede a nuestras ediciones críticas generativas para una experiencia de lectura más enriquecedora.
La transparencia y el respeto hacia la autoría de las fuentes utilizadas son distintivos básicos de nuestro proyecto. Por ello, las respuestas ofrecen, mediante un sistema de citas, las fuentes con las que han sido elaboradas.

El militar cristiano contra el padre Hidalgo y el capitán Allende

Francisco Estrada

El militar cristiano contra el padre Hidalgo y el capitán Allende

Barcelona 2025
Linkgua-edicion.com

Créditos

Título original: El militar cristiano contra el padre Hidalgo y el capitán Allende.

e-mail: info@linkgua.com

Diseño de cubierta: Michel Mallard.

ISBN rústica ilustrada: 978-84-1126-830-1.
ISBN rústica: 978-84-96290-03-7.
ISBN ebook: 978-84-9897-785-1.

Sumario

Brevísima presentación

Este es un texto de referencia del independentismo mexicano. Está escrito desde la visión de las fuerzas políticas que estaban a favor de la presencia de España en México y tiene cierto tono de denuncia ante los acontecimientos de la guerra.

El militar cristiano contra el padre Hidalgo y el capitán Allende

Diálogo entre Mariquita y un soldado raso

Mariquita	Camilo, albricias, ya salimos de pobres, albricias.
Soldado	¡Hola! ¿Pues qué hay, Mariquita?
Mariquita	¡Calla, bobo! ¿Pues qué no sabes que el capitán Allende da a sus soldados un peso en mano, porque le ayuden a matar gachupines.
Soldado	Cállate, majadera, ¿pues qué piensas que no soy cristiano?
Mariquita	Es que dicen que no es contra Dios, ni contra nuestra religión.
Soldado	Cállate, hereje. ¿Cómo no ha de ser contra Dios matar cristianos con el fin de robarlos? ¿Cómo no ha de ser contra la religión aborrecer al prójimo y quitarle la vida, que el mismo Dios le dio? ¿Cómo no ha de ser contra Dios, y contra mi propia conciencia desobedecer a mis jefes, desertarme a favor de un ladrón público y facineroso, como ese padre Hidalgo y los suyos? ¿Podrá Dios aprobarme que yo tome las armas contra mi jefe el señor virrey de México, contra la Real Audiencia,

contra el Santo Tribunal de la Fe, contra los señores obispos, y contra todos nuestros jueces antiguos? ¡Ni lo imagines, Mariquita!

Mariquita	¡Jesús! Camilo, ¡cuántas cosas has dicho contra el padre Hidalgo, que dicen que es docto y sabio!
Soldado	Cállate, tonta. ¿Quién más docto ni más sabio que el diablo, y sin embargo de esto quiso ser como Dios, y se peleó con el arcángel san Miguel? No te preocupes con esa especie de si es padre o no, sino advierte y considera qué es lo que manda hacer Dios, y qué es lo que ese padre quiere que hagan los que le siguen.
Mariquita	¿Pero sería creíble que un padre... he?
Soldado	No seas atontada, Mariquita, esa es la causa de las tonteras de ese padre Hidalgo, pues supone que algunas mujeres, como tú, tienen la doctrina cristiana pegada con mocos, como suele decirse, y así no saben discernir, sino que hablan a tontas y a locas. A buena hora nos viene ese padre con un evangelio contrario al que nos dejó Jesucristo. ¡Vaya!, dime, Mariquita, ¿conque porque yo soy hombre, y más

fuerte que tú, esta fuerza me dará derecho a matarte, porque se me antoja?

Mariquita — ¡Jesús! Camilo, Dios te libre.

Soldado — Pues así es ese padre Hidalgo, tiene armas y ya quiere matar a cuantos no pueden defenderse. Esto mismo hicieron Pillo, Madera, Paredes y otros ladrones famosos. En Río Frío, en el monte de Apaseo, en el Palmar de Zacatecas, y en otros lugares del reino se han juntado cuadrilleros con el fin de robar y matar, y esto mismo están haciendo el padre Hidalgo y sus ladrones.

Mariquita — Está bueno, Camilo, pero aquello del peso en mano que da Allende, ¿qué tal, eh?

Soldado — Me río... voto a... ¿Pues qué yo me he de condenar por un peso? Dios me manda no robar a ninguno, y así reniego de ese peso, reniego de ese dinero que el padre Hidalgo reparte, porque ése es un dinero robado contra la voluntad de su dueño, y si no dime: sobre el séptimo mandamiento, pregunto: ¿quién le cumple? ¿Quién le quebranta?
Quien a otro hace alguna manera de daño injusto, o es causa de que otro lo haga. Esto nos manda Dios; luego esto

debemos observar y cumplir, aunque ese padre Hidalgo diga lo contrario.

Mariquita ¡Hola, Camilo! ¿Todavía te acuerdas de cuando fuiste colegial?

Soldado Quita allá, loca, si no hubiera muchos ignorantes como tú, que no sabes la doctrina cristiana, ese padre Hidalgo y esos otros malditos no hubieran hecho las atrocidades que han hecho, con escándalo de todos nosotros y con perjuicio de la religión.

Mariquita Eso sí me coge de nuevo, Camilo, pues ellos dicen que es a favor de la religión, y que nos van a hacer felices con un nuevo gobierno.

Soldado Cállate, necia. Maldito sea ese nuevo gobierno, que se ha de erigir sobre la sangre de los inocentes y sobre la destrucción de todos los criollos. ¿Cuántos matarán esos malvados antes de ese nuevo gobierno? ¿Cuántos morirán a puñaladas y a pedradas? ¿Cuántos morirán primero de hambre y cuántos de dolor, de ver muertos a sus parientes? ¿No has visto, en una plaza de toros, cómo se arroja el pueblo sobre el monte Parnaso? Pues esta confusión es pintada, si la comparas con el furor de esos ladrones, al tiempo del saqueo y del robo de aquellos pueblos en donde entran.

Mariquita	Es verdad, Camilo, ya no me hables de esto, por vida tuya, mira que me muero solo de pensarlo.
Soldado	¿Quién no ha de temblar, Mariquita?
Mariquita	Tú haces bien, Camilo, anda, vete a la guerra, y mata esos ladrones más inicuos que Pillo, Madera, Paredes y otros. ¿Por qué lloras, Camilo? ¿Por qué lloras, marido mío, hijo de mi alma, por qué lloras?
Soldado	¡Ay de mí! ¿No he de llorar, cuando oigo decir a los necios, que los pobres soldados rasos, como yo, han de desertar? ¿Pues qué todos somos herejes como ese padre Hidalgo?
Mariquita	No llores, Camilo, mira que ahí viene el cabo Andrés, y dirá que nos hemos peleado.
Soldado	¿Dónde viene el cabo?
Mariquita	Vete adentro, Camilo, que no te vea llorar.

Cabo	¿Qué se hace, doña Mariquita? ¿Dónde está Camilo?
Mariquita	Por ahí anda dentro; siéntese usted.
Cabo	Voy deprisa, llámele usted breve.
Mariquita	Allí viene.
Soldado	Mi cabo, ¿qué se hace?
Cabo	A la guerra, Camilo, nos vamos a Querétaro contra esos insurgentes malditos.
Soldado	Mi cabo, ¡viva el rey! Yo me voy gustoso a pelear contra esos malvados, que se han armado contra la religión, contra el rey y contra su patria.
Cabo	¿Qué dice usted, doña Mariquita?
Mariquita	Ya usted lo oye, quizá el peso en mano que dicen que da el padre Hidalgo, no lo pervertirá.
Soldado	Mi cabo, son tontas las mujeres hasta más no poder. Mariquita, ese peso es un engaño, es una invención para seducir a los tontos. ¿Qué dinero es ése, sino un dinero robado, que clamará por su dueño? ¿Es verdad, mi cabo?

Cabo — Así es, Camilo, sopitas de miel, ¿y después?

Soldado — Después, condénese usted y lléveselo el diablo por un peso, y por un dinero que no pudo gozar. Después, mate usted a los inocentes; mate usted a las potestades legítimas, y mátese usted mismo; porque a esto se reduce esa matanza endemoniada que hace el padre Hidalgo, a que no quede piedra sobre piedra, y con el fin de que no quede hombre alguno que se oponga a sus disparates y herejías.

Cabo — Así es, Camilo, piensas como yo. Dios me manda obedecer a mi general el señor virrey, y por esta obediencia he de morir. Ésta es la obligación de un soldado cristiano: defender las autoridades legítimas, no hacerle traición a su patria, no ser infiel a la confianza que sus jefes hacen del soldado y, en una palabra, pelear hasta morir contra esos insurgentes. Vivan los militares del excelentísimo señor Venegas, y mueran esos insurgentes, secuaces de un hereje.

Soldado — Mueran esos malditos y mueran porque nos escandalizan, y porque nos seducen.

Cabo — Así es, muera la seducción... Ya volvemos, doña Mariquita; hasta luego.

Fin

Libros a la carta

A la carta es un servicio especializado para

empresas,
librerías,
bibliotecas,
editoriales
y centros de enseñanza;

y permite confeccionar libros que, por su formato y concepción, sirven a los propósitos más específicos de estas instituciones.

Las empresas nos encargan ediciones personalizadas para marketing editorial o para regalos institucionales. Y los interesados solicitan, a título personal, ediciones antiguas, o no disponibles en el mercado; y las acompañan con notas y comentarios críticos.

Las ediciones tienen como apoyo un libro de estilo con todo tipo de referencias sobre los criterios de tratamiento tipográfico aplicados a nuestros libros que puede ser consultado en Linkgua-edicion.com.

Linkgua edita por encargo diferentes versiones de una misma obra con distintos tratamientos ortotipográficos (actualizaciones de carácter divulgativo de un clásico, o versiones estrictamente fieles a la edición original de referencia).

Este servicio de ediciones a la carta le permitirá, si usted se dedica a la enseñanza, tener una forma de hacer pública su interpretación de un texto y, sobre una versión digitalizada «base», usted podrá introducir interpretaciones del texto fuente. Es un tópico que los profesores denuncien en clase los desmanes de una edición, o vayan comentando errores de interpretación de un texto y esta es una solución útil a esa necesidad del mundo académico.

Asimismo publicamos de manera sistemática, en un mismo catálogo, tesis doctorales y actas de congresos académicos, que son distribuidas a través de nuestra Web.

El servicio de «libros a la carta» funciona de dos formas.

1. Tenemos un fondo de libros digitalizados que usted puede personalizar en tiradas de al menos cinco ejemplares. Estas personalizaciones pueden ser de todo tipo: añadir notas de clase para uso de un grupo de estudiantes, introducir logos corporativos para uso con fines de marketing empresarial, etc. etc.

2. Buscamos libros descatalogados de otras editoriales y los reeditamos en tiradas cortas a petición de un cliente.

Printed in Poland
by Amazon Fulfillment
Poland Sp. z o.o., Wrocław